AF338327

# ESSAI

## DE

# TRANSCRIPTION HYPOTHÉCAIRE

## DANS LES TRIBUS DU TELL ALGÉRIEN

PAR

# M. ROBINET DE CLÉRY,

Avocat général près la Cour impériale d'Algér

« FORWARD!..... »

## ALGER

J.-A. TISSIER, IMPRIMEUR-LIBRAIRE

Rue Bab-el-Oued.

# ESSAI

## DE

# TRANSCRIPTION HYPOTHÉCAIRE

### DANS LES TRIBUS DU TELL ALGÉRIEN (1).

« FORWARD!..... »

## I

Lorsque, au mois d'avril 1867, je réclamais, dans la *Revue critique de législation et de jurisprudence* (2), au profit de la femme arabe, sur les immeubles de son mari, une hypothèque légale qui rétablit l'égalité entre elle et les créanciers européens et israélites, j'exprimais des prévisions qui se sont trouvées promptement justifiées par l'événement.

« Aujourd'hui, écrivais-je, la constitution de la propriété individuelle dans les tribus, non encore réalisée, mais imminente, va profondément

(1) Extrait du rapport de M. le général Allard sur le sénatus-consulte de 1863 : « Le Tell est la région de l'Algérie où il est réellement urgent de fonder la propriété. » C'est une zone qui s'étend de l'ouest à l'est, depuis le Maroc jusqu'à la Tunisie, » s'appuie au nord sur le littoral de la mer et se termine, dans le sud, à la ligne où » commence le Sahara. Cette zone présente, en moyenne, une profondeur de 120 kil. » environ dans les provinces d'Oran et d'Alger, et de 240 kil. dans la province de » Constantine. Les principaux jalons auxquels on peut rattacher ses limites au sud, » sont les points fortifiés de Sebdou, Saïda, Tiaret, Boghar, Bou-Saâda, Biskra et Te- » bessa, sur lesquels flotte le drapeau français. C'est dans cet espace ainsi circonscrit » et nettement déterminé, d'une superficie totale *de 14,100,000 hectares*, que se » trouvent établies, d'une manière permanente, les 1200 tribus environ qui se parta- » gent le sol. Ces tribus du Tell y exploitent la terre, les unes à l'aide de fermes bâ- » ties en pierres, en pisé ou en branches; les autres en vivant sous la tente, pour » conduire de front la culture des céréales et l'élève du bétail, et pour se soustraire » à l'insalubrité des plaines pendant la saison des chaleurs. Dans ces petits mouve- » ments d'émigration, elles ne sortent jamais du territoire de la tribu, et se meuvent » annuellement sur des espaces restreints, d'après une loi uniforme, tellement uni- » forme, qu'elles n'ont, à proprement parler, que des campements d'été et des cam- » pements d'hiver. »
Entre le Tell et le Sahara s'étend la région des Hauts-Plateaux, séparée du Tell par une ligne de contreforts escarpés, parallèle à la mer. Le sol n'y est pas susceptible de culture régulière. Le sénatus-consulte du 22 avril 1863 n'est pas applicable à cette région où sont établies des tribus nomades qui entretiennent d'immenses troupeaux et qui viennent acheter des céréales sur les marchés du Tell. La constitution de la propriété et l'extension de la colonisation y sont impossibles.
(2) *Revue critique de législation et de jurisprudence,* tome XXX, livraison d'avril 1867.

modifier les conditions d'existence de la famille arabe. Malheur à celles — et elles seront nombreuses — qui ne sauront pas se dépouiller assez vite d'habitudes héréditaires, et qui, attendant tout du ciel et du soleil, ne suivront pas résolûment l'impulsion qu'une main puissante a donnée aux choses de l'Algérie. — D'abord l'emprunt, puis la dette impayée, puis le jugement, l'hypothèque et la saisie : le nouveau propriétaire du sol verra, en quelques années, son unique bien passer en d'autres mains et se réveillera un jour dépouillé de toutes ses ressources.

» Ce sont là les conséquences inévitables d'un grand progrès : soit. Semblable à la machine impitoyable qui broie dans ses engrenages, avec la matière première qu'elle transforme, la main de l'ouvrier maladroit, la civilisation dévorera en Algérie bien des existences. Pour conserver le cœur ferme et la direction sûre, il faut porter le regard en avant et oublier, dans la contemplation des rayonnants horizons de l'avenir, les misères et les souffrances, toujours au premier plan dans le spectacle d'une transformation sociale.

Ce qu'ont été, depuis deux ans, ces misères et ces souffrances, il est inutile de le rappeler ici. L'Algérie a traversé la plus redoutable des épreuves. Les populations arabes, si cruellement maltraitées par un concours de calamités inouïes, pansent aujourd'hui leurs blessures, et l'œuvre de progrès, commencée à la suite de la Lettre impériale de 1865, peut reprendre son cours comme un navire reprend sa route après la tourmente.

Le temps a marché, et les promesses de 1865, malgré des difficultés si terribles et si imprévues, ont eu déjà des effets qu'il serait injuste de méconnaître. L'application du sénatus-consulte dans les tribus n'est pas un progrès seulement, c'est le germe d'une véritable révolution. La société arabe se désagrège, se pulvérise ; il ne restera plus bientôt que des individus, unis par d'anciennes traditions et par une communauté historique et quelque peu nébuleuse d'origine, mais le lien le plus fort, — la communauté d'intérêt — aura définitivement disparu.

Combien nous sommes loin, en 1869, de l'époque où le décret du 7 mai 1859, rendu sous le ministère de l'Algérie, rétablissait la prohibition d'acquérir en territoire militaire ! Aujourd'hui, et dès avant le partage des terres collectives, l'application du sénatus-consulte a dégagé et rendu immédiatement aliénables *près de deux millions d'hectares* de terres melk (1). Et ce

(1) En 1864.....    25.057 hectares.
   En 1865.....     3.844     —
   En 1866.....   381.902     —
   En 1867.....   783.821     —
   Total.... 1.194.624 hectares au 1er janvier 1868.
   Les melk délimités en 1868, par décrets impériaux, s'élèvent à environ 800,000 hectares.

n'est qu'un prélude, précédant et préparant la remise à chaque Indigène de sa portion dans les vastes espaces restés jusqu'ici dans l'indivision !

La liberté des transactions, si longtemps réclamée, est donc désormais un fait acquis. Il s'agit maintenant d'en assurer la sécurité.

Le gouvernement algérien, — le plus loyal, le plus dévoué au bien public qui fut jamais, — poursuit sa marche à travers toutes sortes d'attaques injustes et passionnées. Il sait que l'avenir, qu'il a préparé, se chargera de répondre pour lui. Encore un peu de temps, et il désarmera ceux de ses adversaires qui ont quelque sincérité par le spectacle des résultats obtenus. — Quant à l'opposition haineuse des spéculations déçues, des convoitises déjouées, des ambitions affamées, il n'a pas la présomption de la convaincre ; — il a le droit de la dédaigner.

Au premier rang des bienfaits dont il travaille à doter la colonie, figure l'application des lois sur la transcription aux transactions immobilières, à l'occasion desquelles se rencontrent et se heurtent des intérêts européens et des intérêts indigènes. Cette mesure est ardemment réclamée par les Conseils généraux, par la presse et par ce parti de la colonisation qui réunit tant de grandeur et tant de faiblesse, tant de courage et tant d'impatience, tant d'exigences et quelquefois tant d'ingratitude, mais dont les aspirations, — peut-être encore prématurées — seront, malgré tout, le dernier mot des destinées futures de l'Algérie.

Ici, que l'on me permette une observation générale.

La plupart de ceux qui traitent ces questions si ardues se dégagent, avec beaucoup de désinvolture, des difficultés d'application, en renfermant tout leur programme dans un seul mot qui dispense de savoir et d'étude : *assimilation*.

C'est commode, mais c'est si peu praticable qu'il n'est pas un esprit sensé, pas un seul des administrateurs éminents, qui se sont succédé en Algérie, qui ait accepté, comme point de départ de ses réformes, cette assimilation immédiate et radicale.

Ce qu'il faut obtenir, c'est l'assimilation des résultats, — non par l'introduction brutale d'une législation faite pour une situation toute différente, — mais par des voies et moyens appropriés aux circonstances, aux hommes, aux choses, aux institutions de la colonie.

Dans la matière spéciale qui m'occupe, tout le monde est d'accord sur le résultat à poursuivre : il faut qu'un européen puisse acheter une terre arabe sans courir le risque d'une revendication et de la perte du prix qu'il a payé.

Ce but sera prochainement atteint, — mais en territoire civil seulement — par la réalisation d'un projet de décret, annoncé à la dernière session du Corps législatif par Son Exc. le Ministre d'Etat, et soumis actuellement, paraît-il, au conseil d'Etat.

Reste le territoire militaire. Les difficultés à vaincre y sont bien plus graves. Ni la législation de la métropole, ni même la législation faite pour le territoire civil n'y seraient applicables sans danger. L'esprit se refuse, en effet, à supposer le fonctionnement, même simplifié, d'un régime hypothécaire au milieu d'une tribu campée sous la tente, n'ayant ni le goût, ni la connaissance de nos institutions, et ne trouvant à sa portée, comme officiers publics, que des cadis dont les qualités distinctives sont loin d'être la science, l'exactitude et la régularité.

Cependant, il y a urgence à amener, même en pays arabe, une situation semblable à celle qui va être établie en territoire civil. Toutes ces propriétés nouvellement aliénables, se trouvent en territoire militaire, et si, dans l'état de choses actuel, elles peuvent tenter la convoitise de spéculateurs rendus irresponsables par leur insolvabilité, elles n'appelleront pas la concurrence, si désirable, des acheteurs sérieux qui seule ferait hausser la valeur de ces innombrables immeubles. Des ventes à vil prix seront la conséquence inévitable des risques à courir par qui voudrait entreprendre une opération loyale.

D'autre part, il est indispensable de faire coïncider l'instauration d'un système de transcription, quel qu'il soit, avec la création des premières propriétés individuelles. Ces propriétés, collectives et inaliénables jusqu'à présent, n'ont pas de passé, pas d'antécédents, et la question de la transcription a, en ce qui les concerne, l'immense avantage d'être dégagée de l'obligation de purger des droits anciens. S'il y a un intervalle, — si court qu'il soit, — entre la remise des premiers titres de propriété et la promulgation d'une loi sur la transcription, le bénéfice de cette situation disparaîtra. Je le répète donc : il y a urgence.

Pénétré de cette pensée, je crois utile de soumettre à la discussion un projet qui est, à mes yeux, pratique et économique, qui ne sacrifie aucun des intérêts des Indigènes, et qui, après un très court délai et des formalités très simples, assure à l'acquéreur d'une terre arabe une entière sécurité. Le prêteur sur hypothèque trouverait également dans ce système des garanties analogues. De telle sorte qu'en conservant son argent jusqu'à l'entier accomplissement des formalités que je vais exposer, l'Européen, faisant avec un Indigène une transaction immobilière, se trouverait, s'il est vigilant, à l'abri de tout danger.

Si mon projet remplit, comme je le pense, ces multiples conditions, le problème est résolu.

## ·II.

### NOTIFICATIONS, PUBLICATIONS ET OPPOSITIONS.

Il ne faut pas perdre de vue que la loi du 23 mars 1855 a été promulguée en Algérie (1). Elle est donc applicable aux Français, aux étrangers, aux israélites indigènes, aux musulmans naturalisés : c'est seulement aux indigènes musulmans, dont les droits immobiliers continuent à être régis par la loi musulmane, que ses conséquences ne sont pas opposables.

Le premier acte à accomplir par l'acquéreur enropéen d'un immeuble arabe situé en territoire militaire sera donc la transcription de son contrat. Aucune transaction *postérieure* à cette transcription ne pourra lui être opposée, cela va de soi : il en sera de même — et cela par la seule force de la loi existante — pour les transactions *antérieures*, *non transcrites*, dans lesquelles un Européen, un israélite ou un musulman naturalisé se trouverait partie.

Le but du décret que je propose est donc seulement de protéger l'acquéreur contre les revendications qui émancraient *d'indigènes musulmans porteurs de titres occultes, ayant cependant date certaine antérieurement à la transcription du nouveau contrat.* Ces titres, en effet, dans l'état actuel de la législation, sont opposables aux tiers, aucune formalité de publication n'étant imposée par la loi musulmane.

Pour atteindre ce but, l'acquéreur, — et par cette dénomination d'acquéreur, j'entends désigner le porteur d'actes ou jugements compris dans la nomenclature des art. 1 et 2 de la loi du 23 mars 1855, — l'acquéreur sera tenu de notifier son titre au greffier du tribunal de l'arrondissement de la situation des biens. Dans l'arrondissement d'Alger, cette notification sera faite au greffier de la Cour impériale.

Dans le plus bref délai, le titre, traduit par l'interprète judiciaire, sera envoyé, par l'intermédiaire du ministère public, au cadi de la circonscription dans laquelle est situé l'immeuble.

La date de l'accusé de réception, que le magistrat du parquet exigera du cadi, sera le point de départ des délais dont il va être parlé.

A partir de cette date et pendant trois mois, le crieur ou *dellal* publiera, sur tous les marchés de la tribu, l'acte que lui remettra le cadi, et il donnera avis que toute opposition devra être faite soit devant ce magistrat musulman, soit devant le bureau arabe, soit devant le juge de paix, le procureur impérial ou le greffier. Il suffira, pour formuler cette opposition, d'une simple déclaration dont il sera dressé, sans frais, procès-verbal par le fonctionnaire compétent. Cette déclaration pourra émaner non-seulement des intéressés, mais de toute personne se portant fort pour eux.

La publication faite par le dellal mentionnera expressément qu'à défaut d'opposition dans le délai indiqué ci-dessus, toute personne prétendant droit sur l'immeuble, à quelque titre que ce soit :— propriété, location perpétuelle, réméré, antichrèse, location dépassant dix-huit ans, — sera non recevable dans son action contre l'acheteur et ne pourra plus recourir que contre le vendeur.

Pour les frais de cette publication, l'acheteur, en notifiant son titre, devra consigner entre les mains du greffier :

1° Une somme de 10 fr. destinée au dellal ;

2° L'émolument dû à l'interprète pour la traduction, calculé à 1 fr. le rôle ;

3° Une indemnité fixe et unique de 20 fr. pour les frais et émoluments du greffier.

Les diverses autorités qui recevront des oppositions devront les transmettre immédiatement au greffier par l'intermédiaire du ministère public.

Si aucune opposition n'a été faite un mois après l'expiration du délai trimestriel dont il a été parlé, le greffier délivrera à l'acheteur un certificat qui sera transcrit en entier et mentionné en marge de la transcription du titre.

Ce second délai d'un mois ne vient pas s'ajouter au premier ; il assure seulement que les oppositions, faites dans le délai légal, seront parvenues au greffier avant la délivrance du certificat.

Ces diverses formalités accomplies, l'acquéreur aura un titre irrévocable. Si des prétentions venaient à se manifester tardivement, malgré les publications retentissantes et périodiques du *dellal*, elles seraient bien peu dignes de confiance. La forclusion qui les frappera ne saurait paraître inique, surtout si l'on considère que tout habitant de la tribu, se portant fort pour celui qui aurait gardé le silence, peut, par une simple déclaration faite à des autorités placées à sa portée, conserver les droits menacés de déchéance.

Il est donc tenu largement compte, dans ce projet des intérêts des Indigènes, de leur ignorance et de leur inertie ; — et, d'autre part, quel est l'acheteur qui, *en retenant son prix*, ne peut attendre, pendant quatre mois, la consommation définitive de son acquisition ? S'il est plus pressé, il pourra prendre possession et payer, *mais à ses risques et périls*.

J'ajoute que le même mode de publication, appliqué à un prêt hypothécaire, préserverait le prêteur du recours des tiers se prétendant propriétaires ou antichrésistes de l'immeuble hypothéqué ou invoquant sur cet immeuble un droit de réméré.

La première partie de ce projet, dans laquelle je n'examine encore que l'hypothèse de l'absence d'opposition dans le délai légal, peut se résumer dans les articles suivants :

Art. 1er. Toute personne, se prévalant d'actes ou jugements compris dans l'énumération des art. 1 et 2 du décret du 23 mars 1855, pourra les opposer aux tiers musulmans, porteurs de titres non transcrits, quoique ayant acquis date certaine antérieurement à la transcription de ces actes ou jugements, moyennant l'accomplissement des formalités édictées par les articles suivants.

Art. 2. Le titre devra être, après sa transcription, notifié en entier au greffier du tribunal de l'arrondissement dans lequel se trouve situé l'immeuble, ét, pour l'arrondissement d'Alger, au greffier de la Cour impériale. Cette notification aura lieu par une simple remise que constatera un récépissé. Il sera consigné en même temps : 1° 10 francs pour les publications ; 2° une somme de un franc par rôle pour la traduction du titre ; 3° un droit fixe de 20 francs pour le greffier.

Art. 3. Le greffier transmettra immédiatement, par l'intermédiaire du ministère public, au cadi de la circonscription de l'immeuble, le titre, traduit en langue arabe par l'interprète judiciaire. Le cadi adressera au ministère public un accusé de réception daté. La date de cet accusé de réception sera le point de départ des délais.

ART. 4. Sur l'ordre et sous la surveillance du cadi, le crieur public ou *dellal* publiera, pendant trois mois, sur tous les marchés de la tribu, l'acte transmis par le greffier, en faisant connaître que, pendant ce délai, toute personne intéressée, ou se portant fort pour un intéressé, peut s'opposer à l'accomplissement de la transaction publiée, en en faisant la déclaration soit au cadi, soit à un officier des affaires arabes, soit au juge de paix, soit au procureur impérial, soit enfin au greffier du Tribunal ou de la Cour. Cette déclaration sera reçue sans frais, et il en sera dressé procès-verbal par le fonctionnaire compétent.

ART. 5. Toute déclaration d'opposition sera immédiatement transmise par l'intermédiaire du ministère public au greffier du Tribunal.

ART. 6. Un mois après l'expiration de ce délai de trois mois, le greffier délivrera, s'il y a lieu, un certificat de non-opposition, qui sera transcrit en entier au bureau des hypothèques de la situation des biens. Ce certificat devra, en outre, être mentionné en marge de la transcription du titre.

ART. 7. Moyennant l'accomplissement des mêmes formalités, tout créancier hypothécaire sera à l'abri du recours des tiers se prétendant propriétaires ou antichrésistes de l'immeuble hypothéqué, ou se prévalant sur cet immeuble d'un droit de réméré.

### III.

JUGEMENTS STATUANT SUR LES OPPOSITIONS. — PROCÉDURE.

Cette seconde partie du projet est, à mes yeux, la plus importante. Si les contestations soulevées par les publications dont il vient d'être parlé devaient être jugées dans la forme des procès ordinaires entre Européens et Indigènes, je serais l'adversaire le plus convaincu de la mesure dont j'affirme cependant l'impérieuse nécessité. Mieux vaudrait, mille fois, maintenir le *statu quo*, que favoriser des instances dont les frais atteindraient et dépasseraient presque toujours, la valeur de la terre qui en aurait été l'occasion, et jamais la fable de l'*Huître et des Plaideurs* ne se trouverait avoir une plus triste et plus décourageante justification.

Ce n'est pas cependant que le législateur algérien se soit

montré prodigue de procédures et de formalités. Il serait trop long d'énumérer ici toutes les simplifications, toutes les améliorations qu'il a introduites depuis les ordonnances de 1834, de 1841, de 1842, de 1843 jusqu'à ce jour.

Application de la procédure sommaire à toutes les instances, réduction des tarifs et des droits d'enregistrement, concentration des pouvoirs disciplinaires, nomination directe aux offices ministériels, organisés comme de simples fonctions publiques et confiés à des titulaires amovibles, qui n'ont pas acheté leurs charges, — telles sont les principales garanties destinées à assurer, aux habitants d'un pays en voie de formation, une prompte, économique et irréprochable justice.

Ce résultat a-t-il été entièrement atteint ? — Si des abus se sont introduits, sont-ils imputables aux hommes ou aux institutions ? — Ce sont là des questions brûlantes, sur lesquelles je n'ai pas à exprimer — ici — mon opinion.

Je me bornerai à citer un extrait de la Lettre impériale de 1865, ainsi conçu :

« Le tableau des mesures qui blessent les Indigènes serait imcomplet si l'on n'y ajoutait les abus d'une administration paperassière, les actes judiciaires, les procès verbaux, les protêts, tout cet attirail dont l'huissier est l'agent principal et qui fonctionne avec une grande activité en Algérie... »

Et dans les mesures proposées :

« Chercher si l'on ne pourrait pas simplifier les procédures en matière civile, car, *une des choses qui lèsent le plus les Arabes comme les colons*, c'est la longueur des formes judiciaires et administratives. Il serait bon, d'ailleurs, de faire en Algérie l'essai de réformes qui pourraient plus tard être appliquées en France. »

Le rapprochement entre l'opinion émise par l'auguste visiteur de l'Algérie et le vœu de la réduction des frais judiciaires, que formule périodiquement, depuis plusieurs années, le Conseil général de la province d'Alger, n'est-il pas saisissant ?

On en conviendra : si jamais cette réduction des frais doit être jugée indispensable, c'est bien lorsqu'il s'agit de transactions relatives à des immeubles dont la valeur vénale est encore si peu élevée. En cette matière, les frais seraient démesurément grossis, à raison du nombre des intéressés : car il est facile de prévoir que l'indivision, qui est chez les Arabes le résultat des mœurs et des nécessités agricoles, bien plutôt que de la législation elle-même, survivra longtemps à l'établissement de la propriété individuelle.

Il faut donc, à tout prix, trouver une procédure rapide et économique, — presque gratuite, — pour statuer sur les oppositions que soulèvera l'application de ce mode de transcription.

Or, cette procédure est tout inventée. Elle est contenue dans le décret du 13 décembre 1866, relatif à l'appel des jugements des cadis. Il suffit d'en emprunter les principales dispositions.

D'après ce décret, rendu sur le rapport de S. Exc. M. Baroche, les pièces sont réunies par les soins du ministère public, et l'affaire est élaborée par un magistrat rapporteur. Les parties sont entendues avant l'audience : des commissions rogatoires sont envoyées pour éclaircir tous les points obscurs. C'est une véritable instruction en matière civile.

A l'audience, les plaideurs comparaissent en personne et sont entendus de nouveau dans leurs explications. Le ministère des défenseurs n'est pas obligatoire, et, comme en matière commerciale, la partie qui se fait assister par un conseil n'en peut répéter les frais.

Depuis dix-huit mois, ce système fonctionne ; les affaires les plus compliquées ont été ainsi jugées. Partout où les magistrats se sont scrupuleusement inspirés de l'esprit du législateur, la moyennne des frais taxés s'est élevée, pour chaque procès, à cinq ou six francs, formant habituellement le prix des traductions faites par l'interprète. Aussi les bienfaits dus au décret du 13 décembre 1866, qui a été si vivement critiqué lors de son apparition, commencent-ils à être universellement compris et appréciés.

Récemment encore, le journal l'*Akhbar* (1), discutant les vœux émis par le Conseil général, dans une série d'articles publiés sous le titre : *Administration de la justice. — Frais judiciaires,* — s'est hautement exprimé à ce sujet :

« En simplifiant les procédures comme l'Empereur en témoignait le désir, écrivait M. Thomson, on eut nécessairement réduit de beaucoup les frais de justice. Mais, en ce qui regarde la population européenne, rien n'a été fait ou même projeté, dans le but indiqué par une auguste volonté. C'est seulement *pour les Indigènes musulmans* que les formes judiciaires ont été simplifiées et *les frais réduits presque à néant,* par le décret du 13 décembre 1866, sur l'organisation des tribunaux

(1) Numéros des 8, 11 et 13 décembre 1868.

civils musulmans. Et encore, *l'économie de temps et d'argent* qui en résulte se borne aux contestations entre musulmans. Celles qui s'élèvent *entre musulmans et européens ou israélites indigènes* sont toutes soumises aux règles compliquées des lois de la procédure française.

» De plus, en fait de procédure civile, aucun essai de réformes, susceptibles d'être plus tard appliquées en France, n'a été, que nous sachions, proposé, mis à l'étude, formulé. Jamais, dans les sphères administrative ou judiciaire, la pensée de pareille tentative ne s'est révélée en aucune occasion. Sur ce point comme sur d'autres, il n'a pas été répondu aux intentions de la Lettre impériale.

» Or, le code de procédure civile et le tarif y annexé, qui, de par l'ordonnance du 16 avril 1843, reçoivent exécution depuis 25 ans en Algérie, ont été, de tout temps, l'objet de graves critiques, et l'ordonnance, en a trop légèrement modifié les dispositions formalistes, compliquées, onéreuses, pour en corriger le vice originel. »

Je prends acte du vœu qu'exprime — après le Conseil général — le rédacteur de cet article, et je propose d'appliquer, à la matière spéciale qui m'occupe, cette procédure que les justiciables européens envient aux Indigènes musulmans, et dont les formes sont tellement simplifiées que les frais — on veut bien enfin le reconnaître — *sont réduits presque à néant.*

Les se les modifications à y apporter seraient les suivantes :

1° Les oppositions dont j'ai parlé seraient jugées, *en dernier ressort*, par les chambres musulmanes de la Cour impériale, pour l'arrondissement d'Alger (1) et de chacun des autres tribunaux du ressort. Les assesseurs musulmans auraient seulement voix consultative. Un troisième juge serait adjoint, par conséquent, aux deux magistrats français qui font partie des chambres spéciales de Blida, Tlemcen, Mostaganem, Philippeville, Bône et Sétif. Le personnel étant suffisant pour cela, il n'en résulterait aucune aggravation des charges budgétaires.

La nécessité de conférer, en cette matière, aux chambres spéciales, une juridiction de *dernier ressort* est la conséquence des motifs qui réclament impérieusement l'économie des frais. Que l'acquéreur européen ne risque pas de perdre son prix et qu'il ne soit pas engagé dans un procès long et coûteux, tel est son véritable intérêt. Si la revendication des opposants indigènes est admise, il aura recours contre son vendeur pour les frais très minimes qu'il aura avancés ; — il vaudra toujours mieux

_________

(1) Le décret du 13 décembre 1866 a créé des chambres spéciale dans tous les tribus naux d'Algérie, à l'exception de celui d'Alger, et à la Cour impériale.

pour lui accepter cette sentence que courir les risques d'un appel.

Quant aux Indigènes, leurs droits seront sauvegardés par l'attentif examen des magistrats qui se trouvent déjà les juges suprêmes de leurs procès ordinaires. Pas plus que les Européens, ils n'auraient avantage à reproduire, devant des juges du second degré, leur opposition une première fois écartée.

Le législateur algérien n'a-t-il pas, d'ailleurs, en matière bien autrement grave, — pour les expropriations — reconnu la nécessité de conférer aux tribunaux le droit de statuer *sans appel* sur l'indemnité, quelle que soit l'importance habituelle de ces sortes de litige?

2º Les assesseurs auront un rôle purement consultatif : c'est la conséquence nécessaire de la qualité de celui des plaideurs qui n'est pas indigène musulman. On ne saurait constituer, en effet, des assesseurs musulmans, non naturalisés, juges de citoyens français. Ceux-ci, et, comme eux, les israélites indigènes et les étrangers conserveront leurs juges naturels. Les Indigènes musulmans auront, néanmoins, une garantie complémentaire qui leur est refusée dans leurs contestations ordinaires avec des Européens ou des Israélites : la présence d'assesseurs ayant voix consultative. La composition des chambres spéciales donnera donc satisfaction à tous les intérêts.

Le jugement rendu, le greffier en fera mention sur le registre dont je vais parler, et, après décision sur toutes les oppositions, il délivrera un certificat constatant le nombre et le résultat de ces instances.

Ce certificat sera transcrit au bureau des hypothèques et il en sera fait mention en marge de la transcription du titre. La transcription première n'aura de valeur, par conséquent, au regard des tiers musulmans invoquant des droits antérieurs, qu'autant qu'elle se trouvera ultérieurement complétée soit par un certificat de non-opposition, soit par le certificat qui constatera la main levée, ordonnée par jugement, de toutes les oppositions.

Pour faciliter le travail important du greffier qui sera rétribué par un chiffre fixe d'honoraires, il sera tenu au greffe un registre en sept colonnes, contenant: 1º le numéro de l'affaire ; 2º le nom de la partie qui aura notifié son titre ; 3º la date de cette notification; 4º la date de l'accusé de réception du cadi; 5º la date de chacune des oppositions ; 6º le nom et le domicile des oppo·

sants ; 7° la date et le dispositif du jugement statuant sur chaque opposition (1).

Les articles suivants contiennent les prescriptions résumées dans ce paragraphe :

Art. 8. Il sera statué, en dernier ressort, sur les oppositions formées conformément à l'art. 4 du présent décret par la chambre spéciale des affaires musulmanes, établie au tribunal de la situation des biens, et à la Cour impériale pour l'arrondissement d'Alger. Les assesseurs musulmans auront voix consultative. Dans les tribunaux de Blida, Mostaganem, Tlemcen, Bône, Philippeville et Sétif, la chambre spéciale sera complétée par un troisième juge français.

Art. 9. L'affaire sera instruite et jugée suivant les formes édictées par les art. 33, 34 et 35 du décret, du 13 décembre 1866. Les jugements ne seront susceptibles de recours en cassation que dans l'intérêt de la loi.

Art. 10. Lorsqu'il aura été statué sur toutes les oppositions, le greffier délivrera un certificat constatant le résultat des instances. — Ce certificat sera transcrit au bureau des hypothèques et il en sera fait mention en marge de la transcription du titre. — Le greffier sera tenu, sous peine de 100 francs d'amende, de faire opérer, dans le délai d'un mois, cette transcription, dans le cas où quelqu'une des oppositions aurait été accueillie.

Art. 11. La transcription du titre, complétée par celle du certificat de non-opposition ou de main-levée de toutes les oppositions, mettra l'acquéreur à l'abri de tout recours de la part des tiers musulmans invoquant des droits qui n'auraient pas été antérieurement transcrits.

Art. 12. Les articles 5, 6 et 7 de la loi du 23 mars 1855 seront applicables aux actes et jugements transcrits conformément au présent décret.

(1) Modèle du registre tenu par le greffier.

| Numéro d'ordre. | Nom de la partie qui a notifié son titre. | Date de la notification. | Date de l'accusé de réception du cadi. | Date de chacune des oppositions. | Nom et domicile de chacun des opposants. | Date et dispositif du jugement statuant sur chaque opposition. |
|---|---|---|---|---|---|---|
| | | | | | | |

Art. 13. Tous actes, procès-verbaux et jugements posté-
rieurs à la transcription du titre sont dispensés du timbre et de
l'enregistrement. — Seront néanmoins enregistrés gratis les
jugements statuant sur les oppositions et les certificats délivrés
par le greffier. — En cas de résolution, de nullité ou de rescision
de l'acte transcrit, les droits d'enregistrement perçus seront res-
titués.

Art. 14. L'exécution du présent décret sera assurée, pour les
opérations à faire en territoire, militaire, par des arrêtés du Gou-
verneur général.


## IV.


L'économie des diverses dispositions qui précèdent peut se
résumer en ces termes :

La transcription du titre aura, au regard des tiers européens
et israélites, toutes les conséquences qui découlent de la législation métropolitaine.

Les mêmes conséquences seront obtenues au regard des Indigènes musulmans par la transcription du certificat de non opposition ou de main-levée que délivrera le greffier, laquelle aura
un effet rétroactif à la date de la transcription première, ainsi
complétée.

On obtiendra, à l'aide de ces formalités simples et peu coû-
teuses, ce double résultat : 1° *sécurité absolue* pour l'acquéreur
européen ; 2° protection des intérêts des Indigènes et respect de
leurs mœurs.

Il est à remarquer, en effet, que, sauf la déclaration d'opposition provoquée par les publications du *dellal*, rien n'est laissé
à l'initiative des intéressés indigènes. Partout un officier public,
un fonctionnaire ou un magistrat suppléera à leur inertie et à
leur ignorance trop communes. C'est pour cela que le soin de
faire transcrire tout jugement donnant gain de cause à leur opposition est mis, par l'article 10, à la charge du greffier.

Dans une matière aussi grave et aussi ardue, je n'ai pas la
prétention d'apporter un projet à l'abri de toute critique. Celui
que je propose est facilement réalisable et ne lèse aucun intérêt.
Telle est, du moins, ma ferme conviction. L'assimilation pure
et simple est, à mes yeux, tout-à-fait impossible : elle ne pro-
duirait d'ailleurs qu'un résultat incomplet, car elle permettrait

ja revendication en vertu des titres antérieurs au décret qui pla-
cerait les terres arabes sous l'empire de la loi de 1855. Je me
suis efforcé de formuler un système pratique, en employant des
rouages existants et en tenant compte des difficultés si complexes
qu'oppose à toute législation sur cet important sujet la situation
des tribus en territoire militaire. Il n'y aurait ni un employé à
nommer, ni une dépense à faire : un registre de plus serait ouvert
dans les greffes de chacun des tribunaux d'Algérie, voilà tout !

Loin de repousser la controverse, je l'appelle de tous mes
vœux. Elle éclairera les points qui sont encore restés obscurs.
L'attention du gouvernement sera plus que jamais attirée sur la
nécessité de remédier à l'état de choses existant. Des proposi-
tions que j'émets, des études qui les compléteront, des objections
qui seront faites par ce critique tout-puissant qu'on appelle
*tout le monde*, — se dégagera définitivement un système donnant satisfaction aux vœux légitimes et persistants des habitants
de l'Algérie.

Je m'estimerai heureux si je puis, pour une faible part, con-
tribuer à ce résultat. Et, à ce sujet, qu'il me soit permis de
faire remarquer aux impatients combien peu il y aura eu de
temps perdu. En France, depuis la promulgation du Code Napo-
léon jusqu'à la loi de 1855, aucune condition de publicité n'a été
imposée aux transactions immobilières. Cependant, suivant les
expressions de l'éminent rapporteur de cette loi, — M. de Belley-
me, — une sorte de cri public s'élevait pour demander que cette la-
cune fût comblée (1). Des études commencées en 1841, sous l'impulsion d'un vœu si général, n'ont abouti qu'après quatorze ans !

Or, en Algérie, c'est seulement depuis l'application, non encore terminée, du sénatus-consulte du 22 avril 1863 (2), qu'il
peut être question d'acquisitions à faire par des Européens en
territoire militaire.

Déjà un projet est en cours d'élaboration pour le territoire
civil ; il permet d'espérer, dans un avenir prochain, des mesures
analogues pour le territoire militaire. Si celles que je propose
étaient adoptées, elles procureraient à l'acquéreur des garanties
plus étendues que celles que contient la loi de 1855 ; elles le

---

(1) Corps législatif. Séance du 13 février 1855.

(2) L'article 6 du sénatus-consulte a abrogé la disposition suivante de la loi du 16
juin 1851 :

*Aucun droit de propriété ou de jouissance*, portant sur le sol du territoire d'une
tribu, ne pourra être aliéné *au profit des personnes étrangères à la tribu.* »

protégeraient, en effet, contre la révélation inattendue des droits des tiers, même lorsque l'origine de ces droits serait antérieure à la promulgation du nouveau décret (1).

Qu'on le reconnaisse donc! Le Gouvernement algérien, — sans se laisser distraire par des préoccupations absorbantes, — a pour des intérêts si graves et si difficiles à satisfaire, la sollicitude la plus vigilante, et il est injuste de dire que, dans les sphères administrative et judiciaire, aucune tentative de progrès ou de réformes, répondant aux intentions de la Lettre impériale, ne s'est encore révélée.

Patient dans sa force, résolu dans son action, le chef illustre de la colonie exécute, avec une volonté énergique et persévérante, le programme tracé par le Souverain. La postérité qui recueillera les bienfaits de cette œuvre gigantesque de rénovation, pourra seule la juger avec indépendance et impartialité.

ROBINET DE CLÉRY,
Avocat général.

Alger, le 17 janvier 1869.

---

(1) L'article 11 de la loi du 23 mars 1855 porte :

« Les articles 1, 2, 3, 4 et 9 ci-dessus ne sont pas applicables aux actes ayant acquis date certaine et aux jugements rendus avant le 1er janvier 1856. *Leur effet est réglé par la législation sous l'empire de laquelle ils sont intervenus.* »

Alger. — Imprimerie A. TISSIER.